中小学器乐进课堂系列规划教材　　　　　　　　　　刘项明　席建兵　著

动听的竖笛 ❶

DONGTING DE SHUDI

高音与中音竖笛教程

苏州大学出版社
Soochow University Press

图书在版编目(CIP)数据

动听的竖笛／高音与中音竖笛教程.1／刘项明，席建兵著.—苏州：苏州大学出版社，2020.2
中小学器乐进课堂系列规划教材
ISBN 978-7-5672-3106-1

Ⅰ.①动…　Ⅱ.①刘…②席…　Ⅲ.①竖笛-吹奏法-中小学-教材　Ⅳ.①G634.951.1

中国版本图书馆 CIP 数据核字(2020)第 008255 号

书　　名：	动听的竖笛(1)——高音与中音竖笛教程
著　　者：	刘项明　席建兵
责任编辑：	孙腊梅
装帧设计：	吴　钰
制　　谱：	李　颖　张　啸　李国强　俞　泽
出 版 人：	盛惠良
出版发行：	苏州大学出版社(Soochow University Press)
社　　址：	苏州市十梓街1号　邮编：215006
网　　址：	http://www.sudapress.com
E - mail：	sdcbs@suda.edu.cn
印　　刷：	苏州工业园区美柯乐制版印务有限责任公司
邮购热线：	0512-67480030　　销售热线：0512-67481020
网店地址：	http://szdxcbs.tmall.com/(天猫旗舰店)
开　　本：	889 mm×1 194 mm　1/16　印张：10.75　字数：250千
版　　次：	2020年2月第1版
印　　次：	2020年2月第1次印刷
书　　号：	ISBN 978-7-5672-3106-1
定　　价：	52.00元

凡购本社图书发现印装错误，请与本社联系调换。
服务热线：0512-67481020

前言

竖笛（又称直笛）是一古老乐器，15世纪产生于意大利，16—18世纪盛行于欧洲，是欧洲重要的管乐器，也是巴洛克时期的标准独奏乐器。由于工业革命的兴起，金属制作的长笛逐渐替代了竖笛，导致这一乐器被近现代交响乐队淘汰，随之逐渐被人遗忘。直至20世纪初，随着复古之风的兴起，竖笛又重新得到人们的青睐。

在欧洲，竖笛是音乐学院的正规专业，在中小学也有极高的普及率；从维也纳音乐学院这些世界知名的音乐学府到普通中小学校，都能看到竖笛的身影。

20世纪70年代竖笛被引进我国台湾，并得到迅速发展，各级各类学校都成立了竖笛乐团，有力地推动了台湾的中小学音乐教育。20世纪80年代末至90年代初，竖笛被引入我国大陆基础教育，并逐渐被广大师生接受与认可。由于竖笛体积小、价格低、音色优美，最重要的是具有操作简单，易于转调，表现力强，可以演奏丰富的独奏作品及多声部作品等特点，很适合作为中小学课堂教学的"学具"，是一件"性价比"极高的乐器。

近年来，随着中小学音乐课程的改革及新时代"核心素养"的提出，培养什么样的人才，是摆在我们音乐教育工作者面前艰巨的任务，一线教师急需一套通俗易懂、容易上手的教材。基于此，作者根据多年的教学经验和教育理念，编写了这套《动听的竖笛》，以供广大中小学学生、音乐教师使用，这套教材也适用于音乐爱好者和老年大学的朋友们。

本套教材若有编写不完善之处，肯请音乐界前辈、同仁及广大音乐教师予以指正。

目录

第一部分　认识竖笛 / 1
第一节　竖笛的种类 / 2
第二节　材质与结构 / 2
第三节　演奏方法 / 3
第四节　音高与指法 / 6
第五节　竖笛的保养 / 11

第二部分　高音竖笛的学习 / 13
第一课 / 14
第二课 / 17
第三课 / 20
第四课 / 23
第五课 / 26
第六课 / 29
第七课 / 33
第八课 / 36
第九课 / 39

第十课 / 42

第十一课 / 45

第十二课 / 49

第十三课 / 53

第十四课 / 57

第十五课 / 61

第十六课 / 64

第十七课 / 67

第十八课 / 70

第十九课 / 73

第二十课 / 77

第二十一课 / 87

第二十二课 / 91

第二十三课 / 95

第二十四课 / 99

第二十五课 / 101

第二十六课 / 103

第二十七课 / 106

第二十八课 / 109

第二十九课 / 112

第三十课 / 114

第三部分　中音竖笛的学习 / 117

- 第三十一课 / 118
- 第三十二课 / 121
- 第三十三课 / 123
- 第三十四课 / 125
- 第三十五课 / 127
- 第三十六课 / 129
- 第三十七课 / 131
- 第三十八课 / 134
- 第三十九课 / 136
- 第四十课 / 138
- 第四十一课 / 140
- 第四十二课 / 142
- 第四十三课 / 145
- 第四十四课 / 148
- 第四十五课 / 150
- 第四十六课 / 153
- 第四十七课 / 156
- 第四十八课 / 158
- 第四十九课 / 160
- 第五十课 / 162

第一部分

认识竖笛

竖笛又称直笛、木笛，起源于15世纪的意大利，是欧洲一种历史悠久的木管乐器。竖笛具有音色优美圆润、易于发音等特点，在世界发达国家的音乐表演和普通音乐教育中起到了巨大的作用。20世纪90年代初我国将竖笛引入中小学音乐课堂等基础音乐教学中，竖笛逐步成为音乐课器乐进课堂的主要乐器。2013年四川音乐学院率先开设了竖笛专业，东北师范大学和星海音乐学院等高校也陆续开设了竖笛的选修课，同时各地对中小学音乐教师也开始进行一系列系统的竖笛演奏、教学培训。目前，我国的竖笛普及率也逐年增加，并且竖笛的教学也从高音竖笛的齐奏慢慢扩展成多种类的合奏。在各大视频网站上也有非常多的竖笛演奏与教学视频，竖笛已经受到更多音乐教师、学生与音乐爱好者的喜爱。

第一节　竖笛的种类

常见竖笛有六孔、八孔之分。由于八孔竖笛音准、音色更好，所以最为多用。常见的八孔竖笛（图1）有五种，即超高音竖笛、高音竖笛、中音竖笛、次中音竖笛和低音竖笛。它们在构造和指法方面基本相同，只是形状大小有所区别。

第二节　材质与结构

现代常见的竖笛以木质（图2）和ABS树脂（图3）等无毒塑料制成，其中木质竖笛由于价格较高，保养要求相对专业，所以初学者使用较少，建议有一定演奏基础和演奏要求的演奏者选用。而ABS树脂等无毒塑料材质的竖笛价格相对较低，并且易于保养，所以普及率更高，建议初学者使用。

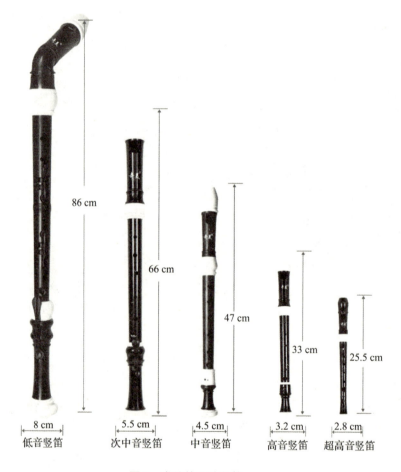

图1　常见的八孔竖笛

图 2　木质竖笛

图 3　ABS 树脂竖笛

竖笛的结构(图4)多为三段式：

① 笛头：发音部分。

② 笛身：主要的按孔部分。

③ 笛尾：可调的按孔位置与出气部分。

竖笛各部分之间可以插拔、拆合，便于携带组装和调整音高或手指按孔距离。

调整音高的方法：将竖笛各部分插接处的间距拉大，可以调低音高，用以适应环境温度改变带来的音高变化，或与其他乐器合奏时的音高差异。

调整手指按孔距离的方法：由于右手小指相对其他按孔手指较短，所以竖笛的笛尾可向手指方向旋转，将音孔调整至右手小指下方，使其容易闭合音孔。

第三节　演奏方法

一、姿势与手型

在竖笛的教学和学习中，保持正确的演奏姿势是非常必要的，所以学生要在老师的指导下注意以下事项：

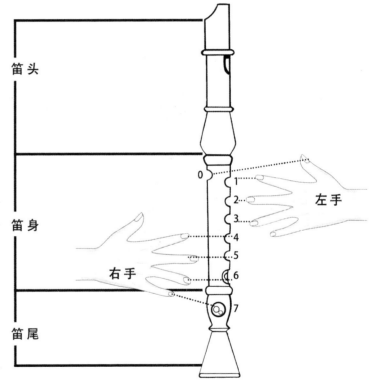
图 4　竖笛的结构

1. 身体

身体保持正直,无论是站姿还是坐姿都要保证上身正直。(图5)

2. 眼睛

眼睛平视乐谱或看向前方,不要低头、仰头,或斜向看谱。

3. 手指

手指自然弯曲,用手指的指腹处按孔并闭合音孔。切记不要用指尖和指甲按孔,否则常会造成闭孔不严以致无法发出正确的音高。另外,在运指过程中手指不要抬得太高,避免手指离孔过远导致运指速度慢和回按的准确性差等问题。(图6)

图5　演奏姿势

图6　演奏手型

二、发音与方法

竖笛是靠气流通过笛头气道中的簧片震动发音的,所以学习演奏竖笛应该先从"吹"入手。这里的"吹"要注意以下几个动作技巧:

1. 口型

通常是将笛头含入口中 5—10 mm,嘴唇自然放松,以不跑气为准。

2. 运气

首先是身体自然放松,采用口鼻联合吸气,吸气要快和满,并且不可耸肩。接着是有控制(稳定、持续、均匀)的呼气。综合吸气与呼气的运气动作,要牢记"快吸与缓呼"的方法。

3. 发音

① 音头:主要有两种处理方式,一种是"呼音",一种是"突音"。

"呼音":像吹泡泡、吹气球的动作,是将气息集中吹入笛头。其特点是易于掌握,多用于表现轻柔、舒缓的音头。

"突音":需要舌头参与的一种音头处理技巧。首先是将舌尖抵住上颚正前方与牙根连接处,然后稍加用力地呼气,把舌头与上颚封闭的区域气压升高后(即气息被憋住的感觉),再突然释放舌尖,使气息快速而集中地吹入笛头,整个动作与讲话中发"突"音相似。

② 音的持续：在"呼音"或"突音"的音头之后，气息不间断地继续吹入笛头，即形成了音的持续。持续过程中应根据所演奏的音符时值决定持续的时长，同时也可以通过改变吹入气息的强度来控制音符的强弱变化。

③ 收音：当需要结束一个音符的吹奏时，可参考"突音"的舌尖动作，将舌尖再抵回到上颚与牙根交界处，将声音阻断。

第四节　音高与指法

八孔竖笛是十二平均律乐器，能够演奏 24 个大小调范围内的所有调性。

实际演奏指法主要分为左手单独按孔类和双手组合按孔类。（表1—表4）各类八孔竖笛可演奏两个八度以内的全部半音。其中：

高音竖笛的音域为 $c^2—d^4$，记谱为高音谱表，常见低八度记谱。

次中音竖笛的音域为 $c^1—d^3$，记谱为高音谱表，实际音高记谱。

中音竖笛的音域为 $f^1—g^3$，记谱为高音谱表，实际音高记谱。

低音竖笛的音域为 $f—g^2$，记谱常为低音谱表，实际高八度演奏。

八孔竖笛具体还有德式（亦称日耳曼式）及英式（即巴洛克式）之分。二者笛身四、五孔的大小和位置有所区别，所以在指法方面自然也有一些区别。德式竖笛的某些指法相对简单，但音准不及英式竖笛，所以竖笛合奏乐团多采用英式竖笛。

本教程在一张指法表上同时提供两种竖笛的指法，通用指法不单独标记，德式与英式指法有区别的则分别标记。B 表示英式指法，G 表示德式指法，与笛身背孔下方的英文字母相对应。

表1 指法表(1)

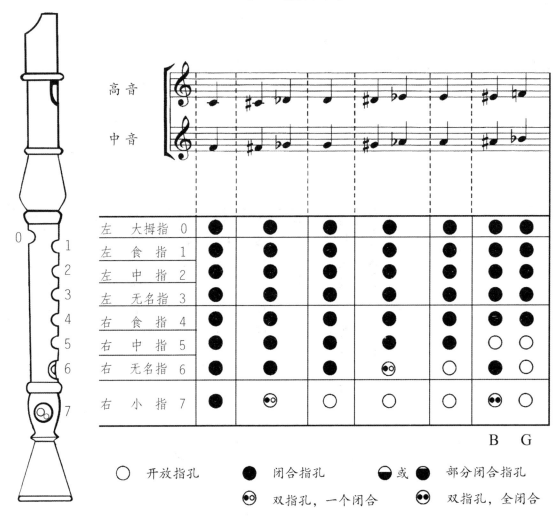

表2 指法表(2)

表3　指法表(3)

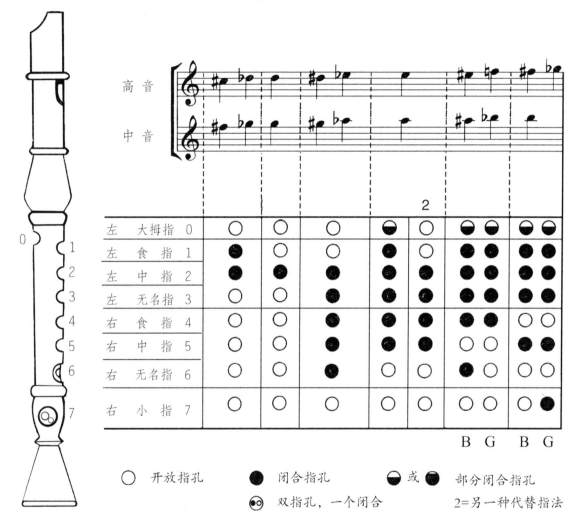

第一部分　认识竖笛

表4 指法表(4)

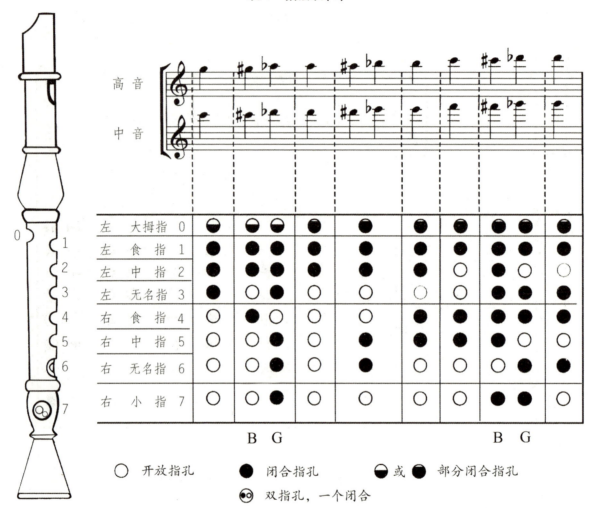

第五节　竖笛的保养

　　竖笛的保养主要是吹奏后的擦洗与存放。在吹奏过程中竖笛的气道内经常出现凝结的水珠,水珠堵塞气道后会影响音色和音量。这时我们要用一根手指堵住笛头上的发音孔,然后用力吹气,把水珠吹入笛身部分,接着再用专用擦洗杆配上小块擦洗布伸入笛身管道内进行擦洗。这种方法对木质和 ABS 树脂等无毒塑料材质竖笛均适用。但在竖笛的存放方面木质竖笛要求更高一些,切记不要在太阳下直接曝晒,不要暴露在温度高并且干燥的环境下。尤其是高级木质的竖笛,非常容易干裂。所以,木质竖笛演奏和清洗后要放在专业乐器盒中保存、防裂。ABS 树脂等无毒塑料材质竖笛对环境适应性更好,在保存上则简单很多,自然存放即可。

第二部分

<<<<<

高音竖笛的学习

第 一 课

一、学习内容

(1) 音高与指法(表1—表4 指法表中的高音指法):

(2) 节拍与节奏: $\frac{4}{4}$ 拍(以四分音符为 **1** 拍,每小节有 **4** 拍)、(四分音符,演奏 **1** 拍)、(二分音符,演奏 **2** 拍)。

二、吹奏技巧提示

第一课至第九课,练习曲中的每个音符都应采用"突音"的发音方法,并用适中的气息,稳定而均匀地吹奏各音。

三、练习建议

(1) 听教师范奏并打拍、读谱。
(2) 按谱例顺序进行吹奏练习。
(3) 用本课所学的音高与节奏编创乐曲,和家人、朋友一起来演奏。

四、练习曲

谱例 1-1

谱例 1-2

谱例 1-3

谱例 1-4

谱例 1-5

谱例 1-6

五、开心创作

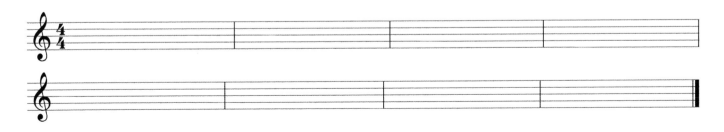

六、老师的建议

_____

_____

七、我的学习感受

_____

_____

第 二 课

一、学习内容

（1）音高与指法（表1—表4 指法表中的高音指法）：

（2）节拍与节奏：$\frac{4}{4}$拍，♩ 、𝅗𝅥 。

二、吹奏技巧提示

注意手指按孔的准确度和手指按孔间距的记忆。

三、练习建议

（1）听教师范奏并打拍、读谱。
（2）按谱例顺序进行吹奏练习。
（3）用本课所学的音高与节奏编创乐曲，和家人、朋友一起来演奏。

四、练习曲

谱例2-1

五、开心创作

六、老师的建议

_____

_____

七、我的学习感受

_____

_____

第二部分 高音竖笛的学习

第 三 课

一、学习内容

(1) 音高与指法(表1—表4指法表中的高音指法)：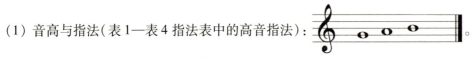

(2) 节拍与节奏：4/4拍，♩、𝅗𝅥。

二、吹奏技巧提示

提升左手三个手指的运指速度和按孔准确度。

三、练习建议

(1) 听教师范奏并打拍、读谱。
(2) 按谱例顺序进行吹奏练习。
(3) 用本课所学的音高与节奏编创乐曲,和家人、朋友一起来演奏。

四、练习曲

谱例 3-1

谱例 3-2

谱例 3-3

谱例 3-4

谱例 3-5

谱例 3-6

五、开心创作

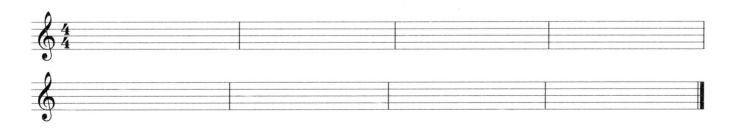

六、老师的建议

_____

_____

七、我的学习感受

_____

_____

第 四 课

一、学习内容

1. 音高与指法（表 1—表 4 指法表中的高音指法）：

2. 节拍与节奏：$\frac{2}{4}$ 拍（以四分音符为 **1** 拍，每小节有 **2** 拍），（两个八分音符，每个演奏半拍）、（四分休止符，休止 **1** 拍）。

二、吹奏技巧提示

注意每个音符结束时，舌头收音的动作要及时而迅速。

三、练习建议

（1）听教师范奏并打拍、读谱。
（2）独立进行吹奏练习。
（3）用本课所学的音高与节奏编创乐曲，和家人、朋友一起来演奏。

四、练习曲

谱例 4-1

谱例 4-2

谱例 4-3

谱例 4-4

谱例 4-5

谱例 4-6

五、开心创作

六、老师的建议

_____

_____

七、我的学习感受

_____

_____

第二部分 高音竖笛的学习

第 五 课

一、学习内容

(1) 音高与指法（表1—表4 指法表中的高音指法）： 。

(2) 音乐记号：反复记号 𝄇 。

二、吹奏技巧提示

左手三个手指的运指要自然轻快，手指抬起的高度不可太高，应在按孔正上方约 2 cm 处。

三、练习建议

(1) 听教师范奏并打拍、读谱。
(2) 按谱例顺序进行吹奏练习。
(3) 用本课所学的音高与节奏编创乐曲，和家人、朋友一起来演奏。

四、练习曲

谱例 5-1

谱例 5-2

谱例 5-3

谱例 5-4

谱例 5-5

谱例 5-6

五、开心创作

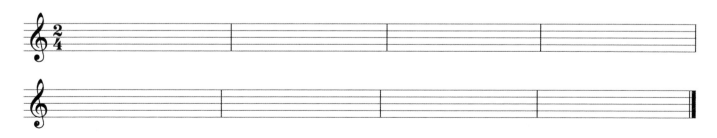

六、老师的建议

_____

_____

七、我的学习感受

_____

_____

第 六 课

一、学习内容

1. 音高与指法（表1—表4指法表中的高音指法）：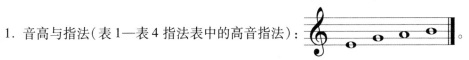

2. 节拍与节奏：$\frac{2}{4}$、$\frac{4}{4}$拍，（全音符，演奏4拍）。

二、吹奏技巧提示

（1）右手大拇指的位置在食指和中指中间的正下方，三个手指形成类似上下"捏"的动作。

（2）右手食指和中指要一同按孔或抬起，避免出现"过程音"。

（3）另外还要注意双手"按""抬"的配合。

三、练习建议

（1）听教师范奏并打拍、读谱。

（2）按谱例顺序进行吹奏练习。

（3）用本课所学的音高与节奏编创乐曲，和家人、朋友一起来演奏。

四、练习曲

谱例 6-1

谱例 6-2

谱例 6-3

谱例 6-4

谱例6-5

谱例6-6

五、开心创作

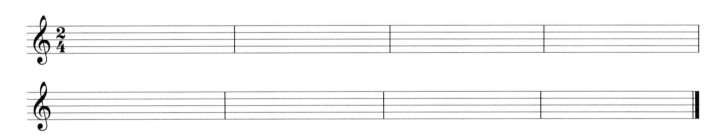

六、老师的建议

_____

_____

七、我的学习感受

_____

_____

第 七 课

一、学习内容

(1) 音高与指法（表1—表4指法表中的高音指法）：

(2) 节拍与节奏：$\frac{2}{4}$、$\frac{4}{4}$、$\frac{3}{4}$拍（以四分音符为 **1** 拍,每小节有 **3** 拍），（符点二分音符,演奏3拍）。

二、吹奏技巧提示

注意右手无名指单独运指的灵活度。

三、练习建议

(1) 听教师范奏并打拍、读谱。
(2) 按谱例顺序进行吹奏练习。
(3) 用本课所学的音高与节奏编创乐曲,和家人、朋友一起来演奏。

四、练习曲

谱例 7-1

谱例 7-6

五、开心创作

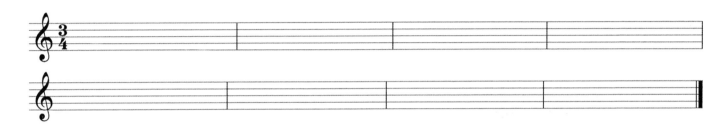

六、老师的建议

七、我的学习感受

第 八 课

一、学习内容

(1) 音高与指法（表1—表4 指法表中的高音指法）：

(2) 节拍与节奏：$\frac{2}{4}$、$\frac{3}{4}$、$\frac{4}{4}$拍，（八分休止符，休止半拍）。

二、吹奏技巧提示

注意"突音"与按孔开孔的动作要同步，这样能保证音头的准确发音。

三、练习建议

(1) 听教师范奏并打拍、读谱。
(2) 按谱例顺序进行吹奏练习。
(3) 用本课所学的音高与节奏编创乐曲，和家人、朋友一起来演奏。

四、练习曲

谱例 8-1

谱例 8-2

谱例 8-3

谱例 8-4

谱例 8-5

谱例 8-6

五、开心创作

六、老师的建议

_____

_____

七、我的学习感受

_____

_____

第 九 课

一、学习内容

(1) 音高与指法（表1—表4 指法表中的高音指法）：

(2) 节拍与节奏：$\frac{2}{4}$、$\frac{3}{4}$、$\frac{4}{4}$拍，（4个十六分音符，每个演奏四分之一拍）。

二、吹奏技巧提示

注意左手食指与中指的交替动作，做到食指"按"和中指"抬"同步，或中指"按"和食指"抬"同步。

三、练习建议

(1) 听教师范奏并打拍、读谱。
(2) 按谱例顺序进行吹奏练习。
(3) 用本课所学的音高与节奏编创乐曲，和家人、朋友一起来演奏。

四、练习曲

谱例9-1

谱例 9-2

谱例 9-3

谱例 9-4

谱例 9-5

谱例 9-6

五、开心创作

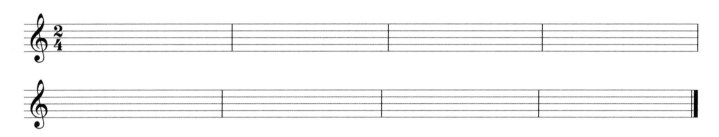

六、老师的建议

_____

_____

七、我的学习感受

_____

_____

第 十 课

一、学习内容

(1) 复习已学音高与节奏。
(2) 连音奏法:将两音或多音相连的弧线叫连音线,要使用圆滑、平稳的过渡方式吹奏连音线范围内的各音。

二、吹奏技巧提示

(1) 连音线处,起音用"突音"的发音方法,之后的音不做"突"音的处理或做轻"突音",整体用连贯、圆滑的连音奏法吹奏。
(2) 尽量在换气记号处快速换气。

三、练习建议

(1) 听教师范奏并打拍、读谱。
(2) 按谱例顺序进行吹奏练习。
(3) 用本课所学的音高与节奏编创乐曲,和家人、朋友一起来演奏。

四、练习曲

谱例 10-1

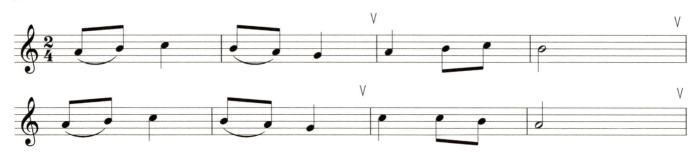

谱例 10-2

第二部分 高音竖笛的学习

谱例 10-3

五、开心创作

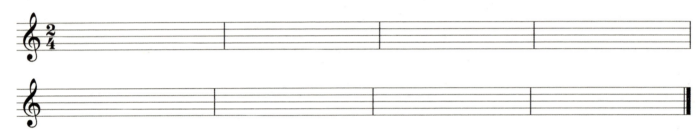

六、老师的建议

七、我的学习感受

第十一课

一、学习内容

(1) 音高与指法(表1—表4指法表中的高音指法):

(2) 节拍与节奏: $\frac{2}{4}$、$\frac{3}{4}$、$\frac{4}{4}$拍,

二、吹奏技巧提示

(1) 左手大拇指在抬起背孔时,切记不要抬得过高,不要离孔太远,以免继续按孔时位置不准确。
(2) 注意"突音"与连音的处理。尽量在换气记号处快速换气。

三、练习建议

(1) 听教师范奏并打拍、读谱。
(2) 按谱例顺序进行吹奏练习。
(3) 用本课所学的音高与节奏编创乐曲,和家人、朋友一起来演奏。

四、练习曲

谱例 11-1

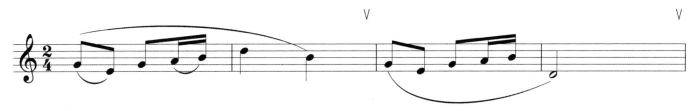

谱例 11-2

谱例 11-3

第二部分 高音竖笛的学习

五、开心创作

六、老师的建议

七、我的学习感受

第十二课

一、学习内容

(1) 音高与指法（表1—表4 指法表中的高音指法）：

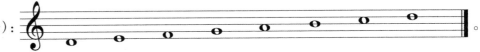

(2) 节拍与节奏：$\frac{2}{3}$、$\frac{3}{4}$、$\frac{4}{4}$拍，

二、吹奏技巧提示

注意"突音"与连音的处理。尽量在换气记号处快速换气。

三、练习建议

(1) 听教师范奏并打拍、读谱。

(2) 按谱例顺序进行吹奏练习。

(3) 用本课所学的音高与节奏编创乐曲，和家人、朋友一起来演奏。

四、练习曲

谱例12-1

谱例 12-2

谱例 12-3

五、开心创作

六、老师的建议

_____

_____

七、我的学习感受

_____

_____

第十三课

一、学习内容

（1）音高与指法（表1—表4指法表中的高音指法）：

（2）节拍与节奏：$\frac{2}{4}$、$\frac{3}{4}$、$\frac{4}{4}$拍，♩.（符点四分音符，演奏$1\frac{1}{2}$拍）、（延音线是连接两个或多个音高相同的音符之间的连音线，功能是延长这个音。同音连线内的音符的时值要相加，中间不可断开）。

二、吹奏技巧提示

注意"突音"与连音的处理。尽量在换气记号处快速换气。

三、练习建议

（1）听教师范奏并打拍、读谱。

（2）按谱例顺序进行吹奏练习。

（3）用本课所学的音高与节奏编创乐曲，和家人、朋友一起来演奏。

四、练习曲

谱例13-1

谱例 13-2

谱例 13-3

五、开心创作

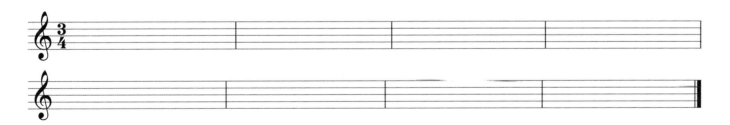

第二部分 高音竖笛的学习

六、老师的建议

_____

_____

七、我的学习感受

_____

_____

第十四课

一、学习内容

(1) 音高与指法（表1—表4指法表中的高音指法）：

(2) 节拍与节奏：$\frac{2}{4}$、$\frac{3}{4}$、$\frac{4}{4}$拍，（切分音，改变乐曲中强拍上出现重音的规律，使弱拍或强拍弱部分的音，因时值延长而成为重音）。

二、吹奏技巧提示

注意"突音"与连音的处理。尽量在换气记号处快速换气。

三、练习建议

(1) 听教师范奏并打拍、读谱。
(2) 独立进行吹奏练习。
(3) 用本课所学的音高与节奏编创乐曲，和家人、朋友一起来演奏。

四、练习曲

谱例14-1

谱例 14-2

谱例 14-3

五、开心创作

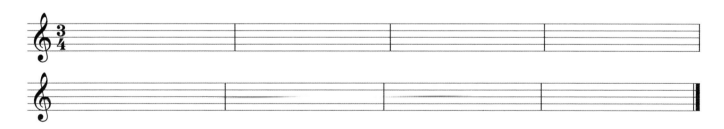

第二部分 高音竖笛的学习

六、老师的建议

_____

_____

七、我的学习感受

_____

_____

第十五课

一、学习内容

复习已学音高与节奏。

二、吹奏技巧提示

注意"突音"与连音的处理。尽量在换气记号处快速换气。

三、练习建议

（1）听教师范奏并打拍、读谱。

（2）独立进行吹奏练习。

（3）用本课所学的音高与节奏编创乐曲，和家人、朋友一起来演奏。

四、练习曲

谱例 15-1

谱例 15-2

谱例 15-3

五、开心创作

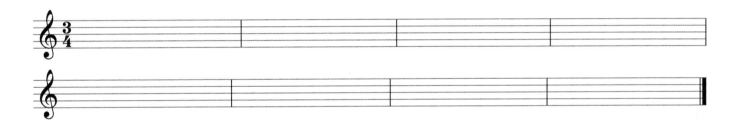

六、老师的建议

_____

七、我的学习感受

_____

第十六课

一、学习内容

(1) 音高与指法(表1—表4 指法表中的高音指法)：

(2) 节拍与节奏：$\frac{2}{4}$、$\frac{3}{4}$、$\frac{4}{4}$拍，

二、吹奏技巧提示

注意新调调号与变化音指法，避免错音。

三、练习建议

(1) 听教师范奏并打拍、读谱。

(2) 独立进行吹奏练习。

(3) 用本课所学的音高与节奏编创乐曲，和家人、朋友一起来演奏。

四、练习曲

谱例 16-1

谱例 16-2

第二部分 高音竖笛的学习

谱例 16-3

五、开心创作

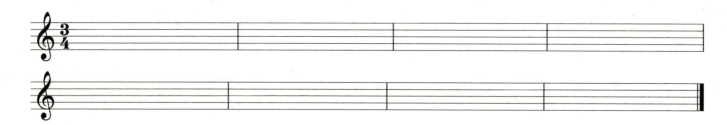

六、老师的建议

_____

七、我的学习感受

_____

第十七课

一、学习内容

（1）音高与指法（表1—表4指法表中的高音指法）：

（2）节拍与节奏：$\frac{2}{4}$、$\frac{3}{4}$、$\frac{4}{4}$拍，♩.♪（前一音符为附点八分音符，演奏四分之三拍）。

二、吹奏技巧提示

注意新调调号与变化音指法，避免错音。

三、练习建议

（1）听教师范奏并打拍、读谱。
（2）独立进行吹奏练习。
（3）用本课所学的音高与节奏编创乐曲，和家人、朋友一起来演奏。

四、练习曲

谱例17-1

谱例 17-2

谱例 17-3

五、开心创作

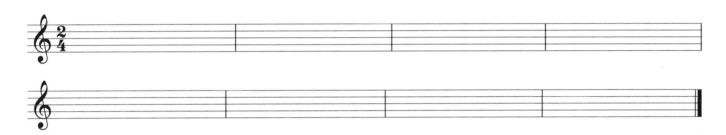

六、老师的建议

_____

七、我的学习感受

_____

第十八课

一、学习内容

(1) 音高与指法(表1—表4指法表中的高音指法)：

(2) 节拍与节奏：$\frac{2}{4}$、$\frac{3}{4}$、$\frac{4}{4}$拍，

二、吹奏技巧提示

注意调号与变化音指法，避免错音。

三、练习建议

(1) 听教师范奏并打拍、读谱。
(2) 独立进行吹奏练习。
(3) 用本课所学的音高与节奏编创乐曲，和家人、朋友一起来演奏。

四、练习曲

谱例 18-1

谱例 18-2

谱例 18-3

第二部分　高音竖笛的学习

五、开心创作

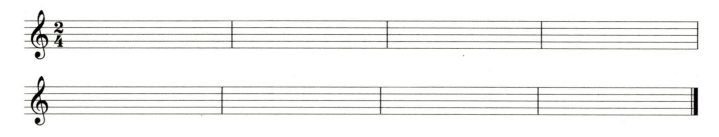

六、老师的建议

_____

_____

七、我的学习感受

_____

_____

第十九课

一、学习内容

(1) 音高与指法（表1—表4指法表中的高音指法）：

(2) 节拍与节奏：$\frac{2}{4}$、$\frac{3}{4}$、$\frac{4}{4}$拍，（三连音，音符时值的特殊划分形式，此节奏需将四分音符平均分为三个音演奏）。

二、吹奏技巧提示

注意调号与变化音指法，避免错音。

三、练习建议

(1) 听教师范奏并打拍、读谱。
(2) 独立进行吹奏练习。
(3) 用本课所学的音高与节奏编创乐曲，和家人、朋友一起来演奏。

四、练习曲

谱例 19-1

谱例 19-2

谱例 19-3

《快乐的小骑手》

刘项明 曲

第二部分 高音竖笛的学习

五、开心创作

六、老师的建议

_____

_____

七、我的学习感受

_____

_____

第二十课

一、学习内容

多声部合奏。

二、吹奏技巧提示

合理安排换气位置。

三、练习建议

先采用齐奏的方式熟练吹奏各声部旋律,再进行分声部合奏。

四、练习曲

谱例 20-1

《平衡球》

刘项明 曲

动听的竖笛 (1)

谱例 20-2

《吸引力》

刘项明 曲

Fine

D.C.al Fine

建议：从头反复部分，高低声部可换位演奏。

谱例 20-3

《愉快的竞赛》

刘项明 曲

第二部分 高音竖笛的学习

81

谱例 20-4

《风的诉说》

刘项明 曲

第二部分 高音竖笛的学习

动听的竖笛(1)

第二部分 高音竖笛的学习

85

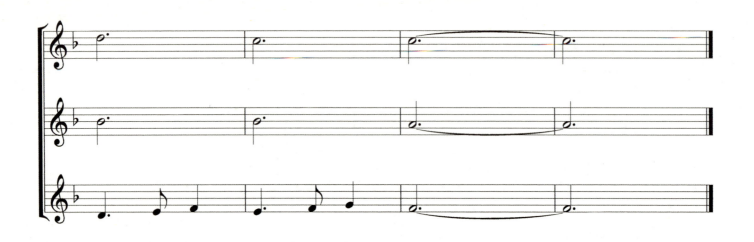

动听的竖笛（1）

第二十一课

一、学习内容

(1) 音高与指法(表1—表4指法表中的高音指法)：

(2) 节拍与节奏：$\frac{2}{4}$、$\frac{3}{4}$、$\frac{4}{4}$拍。

二、吹奏技巧提示

(1) 注意左手大拇指的"放半孔"和部分闭合的按孔动作。

(2) 注意吹奏左手拇指"放半孔"的音时气息要稍强一些。

三、练习建议

(1) 打拍读谱及视奏。

(2) 独立练习。

(3) 编创乐曲,和家人、朋友一起来演奏。

四、练习曲

谱例 21-1

谱例21-2

谱例 21-3

第二部分 高音竖笛的学习

五、开心创作

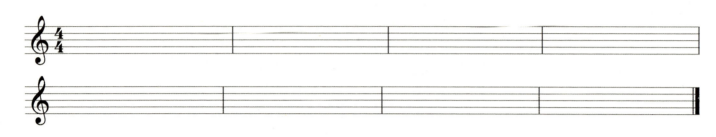

六、老师的建议

_____

_____

七、我的学习感受

_____

_____

第二十二课

一、学习内容

（1）音高与指法（表1—表4指法表中的高音指法）：

（2）节拍与节奏：$\frac{2}{4}$、$\frac{3}{4}$、$\frac{4}{4}$拍，

二、吹奏技巧提示

注意左手大拇指的"放半孔"和部分闭合的按孔动作。

三、练习建议

（1）打拍读谱及视奏。
（2）独立练习。
（3）编创乐曲，和家人、朋友一起来演奏。

四、练习曲

谱例22-1

谱例 22-2

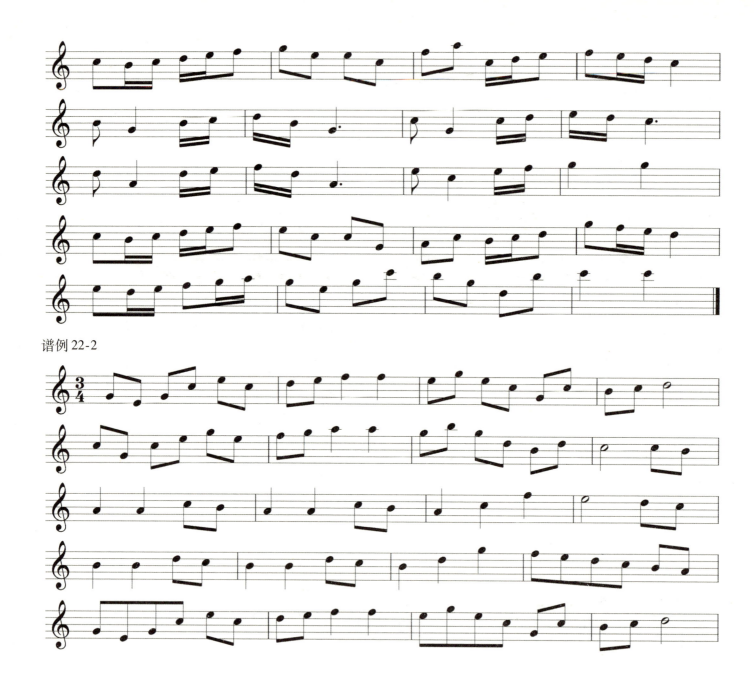

谱例 22-3

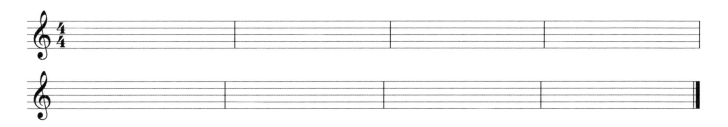

五、开心创作

六、老师的建议

七、我的学习感受

第二十三课

一、学习内容

(1) 音高与指法（表1—表4 指法表中的高音指法）：

(2) 节拍与节奏：$\frac{3}{4}$、$\frac{2}{4}$、$\frac{3}{8}$、$\frac{6}{8}$ 拍，

(3) 演奏记号：自由延长记号 ⌢ 。

① 记写在音符上方，表示可以自由延长该音符的时值。

② 记写在小节线上方，表示左右两小节间可以休止片刻。

③ 记写在双纵线上方，表示乐曲告一段落或曲终。

二、吹奏技巧提示

注意左手大拇指的"放半孔"和部分闭合的按孔动作。

三、练习建议

(1) 打拍读谱及视奏。

(2) 独立练习。

(3) 编创乐曲，和家人、朋友一起来演奏。

四、练习曲

谱例 23-1

谱例 23-2

谱例 23-3

谱例 23-4

第二部分　高音竖笛的学习

五、开心创作

六、老师的建议

七、我的学习感受

第二十四课

一、学习内容

（1）音高与指法（表1—表4指法表中的高音指法）：

（2）节拍与节奏：$\frac{3}{4}$、$\frac{9}{8}$拍，注意节奏型对比 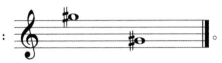 。

二、吹奏技巧提示

注意左手大拇指的"放半孔"和部分闭合的按孔动作。

三、练习建议

（1）打拍读谱及视奏。
（2）独立练习。
（3）编创乐曲，和家人、朋友一起来演奏。

四、练习曲

谱例24-1

谱例 24-2

五、开心创作

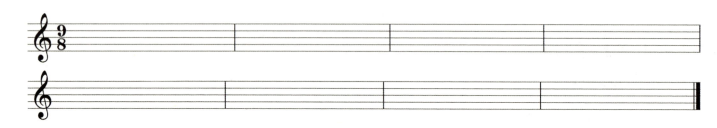

六、老师的建议

七、我的学习感受

第二十五课

一、学习内容

(1) 音高与指法(表1—表4指法表中的高音指法):

(2) 节拍与节奏:$\frac{4}{4}$、$\frac{12}{8}$拍,注意节奏型对比 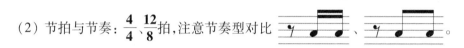。

二、吹奏技巧提示

注意左手大拇指的"放半孔"和部分闭合的按孔动作。

三、练习建议

(1) 打拍读谱及视奏。
(2) 独立练习。
(3) 编创乐曲,和家人、朋友一起来演奏。

四、练习曲

谱例 25-1

谱例 25-2

五、开心创作

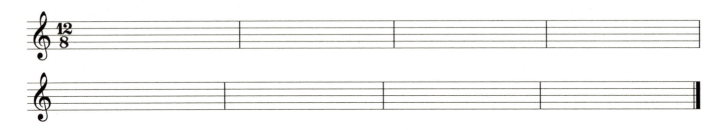

六、老师的建议

七、我的学习感受

第二十六课

一、学习内容

(1) 音高与指法(表1—表4指法表中的高音指法)：

(2) 节拍与节奏：$\frac{3}{4}$、$\frac{5}{4}$、$\frac{5}{8}$拍。

(3) 跳音记号：又称顿音、断音记号，用小圆点、倒三角来标记。

"•"：长跳音，表示只奏出该音符一半的时值。例如，一拍的音，只弹出半拍。

"▼"：短跳音，表示只奏出该音符四分之一的时值。例如，一拍的音，只弹出四分之一拍。

二、练习建议

(1) 打拍读谱及视奏。

(2) 独立练习。

(3) 编创乐曲，和家人、朋友一起来演奏。

三、练习曲

谱例26-1

谱例 26-2

谱例 26-3

谱例 26-4

四、开心创作

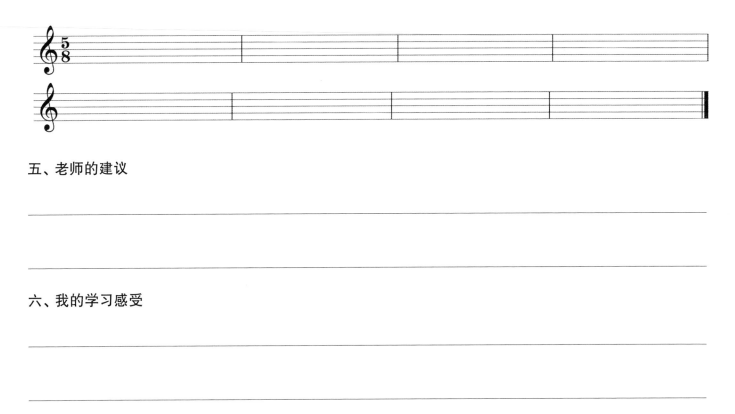

五、老师的建议

_____

_____

六、我的学习感受

_____

_____

第二十七课

一、学习内容

(1) 音高与指法（表1—表4 指法表中的高音指法）：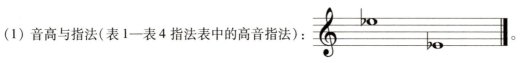

(2) 节拍与节奏：$\frac{6}{8}$、$\frac{8}{8}$拍。

二、练习建议

(1) 打拍读谱及视奏。
(2) 独立练习。
(3) 编创乐曲，和家人、朋友一起来演奏。

三、练习曲

谱例 27-1

谱例 27-2

谱例 27-3

四、开心创作

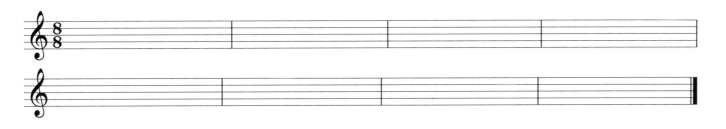

五、老师的建议

_____

_____

六、我的学习感受

_____

_____

第二十八课

一、学习内容

(1) 音高与指法(表1—表4指法表中的高音指法)：

(2) 节拍与节奏：变换拍子 $\frac{3}{4}$、$\frac{4}{4}$拍，$\frac{6}{8}$、$\frac{2}{4}$拍，$\frac{4}{4}$、$\frac{8}{8}$拍；连续切分节奏型 。

二、练习建议

(1) 打拍读谱及视奏。
(2) 独立练习。
(3) 编创乐曲,和家人、朋友一起来演奏。

三、练习曲

谱例28-1

谱例 28-2

谱例 28-3

四、开心创作

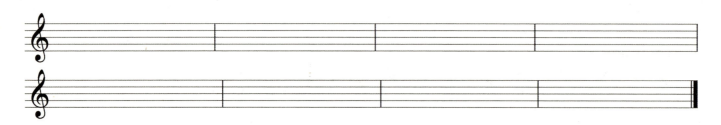

五、老师的建议

六、我的学习感受

第二部分　高音竖笛的学习

第二十九课

一、学习内容

（1）音高与指法：综合练习。
（2）节拍与节奏：综合练习。

二、练习建议

（1）打拍读谱及视奏。
（2）独立练习。
（3）编创乐曲，和家人、朋友一起来演奏。

三、练习曲

谱例29-1

谱例 29-2

四、开心创作

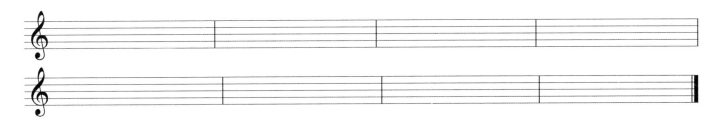

五、老师的建议

_____

_____

六、我的学习感受

_____

第三十课

一、学习内容

(1) 音高与指法：综合练习。
(2) 节拍与节奏：综合练习。

二、练习建议

(1) 打拍读谱及视奏。
(2) 独立练习。
(3) 编创乐曲，和家人、朋友一起来演奏。

三、练习曲

谱例 30-1

谱例 30-2

四、开心创作

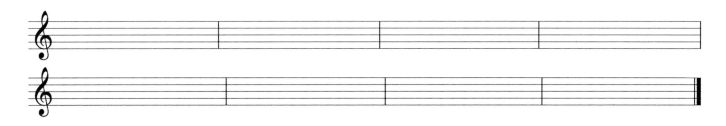

五、老师的建议

六、我的学习感受

第三部分

<<<<<

中音竖笛的学习

第三十一课

一、学习内容

(1) 音高与指法(见表1—表4指法表中的中音指法):

(2) 节拍与节奏: 3/4 拍,  。

二、吹奏技巧提示

(1) 注意中音竖笛孔距的宽度,加强手指按孔间距的记忆。
(2) 对比中音竖笛指法与高音竖笛指法的异同,加强左手三个手指的运指速度。
(3) 谱例中每个音符都采用"突音"的发音方法,并用适中的气息,稳定而均匀地吹奏各音。
(4) 注意每个音符结束时,舌头收音的动作要及时而迅速。

三、练习建议

(1) 听教师范奏并打拍、读谱。
(2) 按谱例顺序进行吹奏练习。

四、练习曲

谱例 31-1

《新朋友》

刘项明 曲

谱例 31-2

《好伙伴》

刘项明 曲

五、开心创作

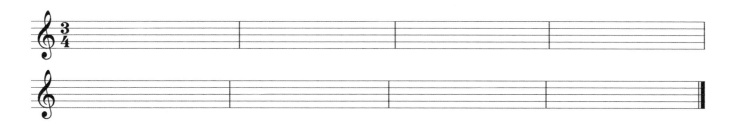

六、老师的建议

七、我的学习感受

第三十二课

一、学习内容

(1) 音高与指法（表1—表4 指法表中的中音指法）：

(2) 节拍与节奏：$\frac{3}{4}$拍，

二、吹奏技巧提示

(1) 注意左手食指与中指的交替动作，做到食指"按"和中指"抬"同步，或中指"按"和食指"抬"同步。
(2) 左手大拇指在抬起背孔时，切记不要抬得过高，不要离孔太远，以免继续按孔时位置不准确。

三、练习建议

(1) 听教师范奏并打拍、读谱。
(2) 按谱例顺序进行吹奏练习。

四、练习曲

谱例 32-1

《彩裙舞》

刘项明 曲

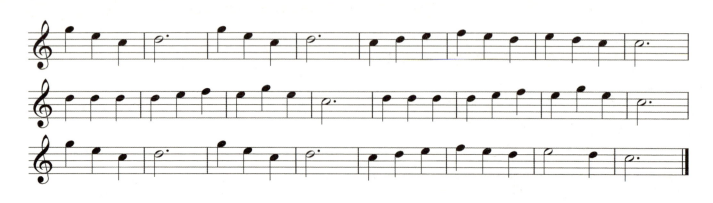

五、开心创作

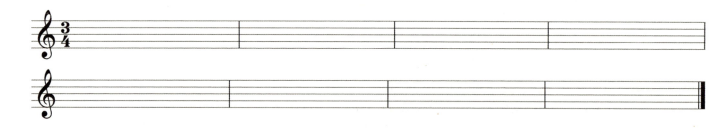

六、老师的建议

七、我的学习感受

第三十三课

一、学习内容

(1) 音高与指法（表1—表4指法表中的中音指法）：

(2) 节拍与节奏：$\frac{3}{4}$拍，。

二、吹奏技巧提示

(1) 注意左手食指与中指的交替动作，做到食指"按"和中指"抬"同步，或中指"按"和食指"抬"同步。

(2) 左手大拇指在抬起背孔时，切记不要抬得过高，不要离孔太远，以免继续按孔时位置不准确。

三、练习建议

(1) 听教师范奏并打拍、读谱。

(2) 按谱例顺序进行吹奏练习。

四、练习曲

谱例 33-1

《吹气球》

刘项明 曲

五、开心创作

六、老师的建议

七、我的学习感受

第三十四课

一、学习内容

(1) 音高与指法（表1—表4 指法表中的中音指法）：

(2) 节拍与节奏：$\frac{3}{4}$拍，。

二、吹奏技巧提示

(1) 注意左手食指与中指的交替动作，做到食指"按"和中指"抬"同步，或中指"按"和食指"抬"同步。
(2) 左手大拇指在抬起背孔时，切记不要抬得过高，不要离孔太远，以免继续按孔时位置不准确。

三、练习建议

(1) 听教师范奏并打拍、读谱。
(2) 按谱例顺序进行吹奏练习。

四、练习曲

谱例 34-1

《绕圈圈》

刘项明 曲

五、开心创作

六、老师的建议

_____

_____

七、我的学习感受

_____

_____

第三十五课

一、学习内容

(1) 音高与指法(表1—表4指法表中的中音指法):

(2) 节拍与节奏:$\frac{3}{4}$、$\frac{4}{4}$拍。

二、吹奏技巧提示

(1) 注意左手食指与中指的交替动作,做到食指"按"和中指"抬"同步,或中指"按"和食指"抬"同步。

(2) 左手大拇指在抬起背孔时,切记不要抬得过高,不要离孔太远,以免继续按孔时位置不准确。

三、练习建议

(1) 听教师范奏并打拍、读谱。

(2) 按谱例顺序进行吹奏练习。

四、练习曲

谱例 35-1

《爬上爬下》

刘项明 曲

五、开心创作

六、老师的建议

七、我的学习感受

第三十六课

一、学习内容

（1）音高与指法（表1—表4指法表中的中音指法）：

（2）节拍与节奏：$\frac{2}{4}$拍。

二、吹奏技巧提示

（1）右手大拇指的位置在食指和中指中间的正下方，三个手指形成类似上下"捏"的动作。

（2）右手食指和中指要一同按孔或抬起，避免出现"过程音"。

（3）注意双手"按"与"抬"的配合。

三、练习建议

（1）听教师范奏并打拍、读谱。

（2）按谱例顺序进行吹奏练习。

四、练习曲

谱例 36-1

谱例 36-2

五、开心创作

六、老师的建议

七、我的学习感受

第三十七课

一、学习内容:

(1) 音高与指法(表1—表4指法表中的中音指法):加入 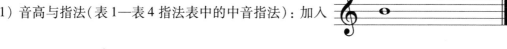 。

(2) 节拍与节奏:$\frac{3}{4}$拍。

二、吹奏技巧提示

(1) 右手大拇指的位置在食指和中指中间的正下方,三个手指形成类似上下"捏"的动作。
(2) 右手中指和无名指要一同按孔或抬起,避免出现"过程音"。
(3) 注意双手"按""抬"的配合。
(4) 对比中音竖笛指法与高音竖笛指法右手部分的异同。

三、练习建议

(1) 听教师范奏并打拍、读谱。
(2) 按谱例顺序进行吹奏练习。

四、练习曲

谱例 37-1

谱例 37-2

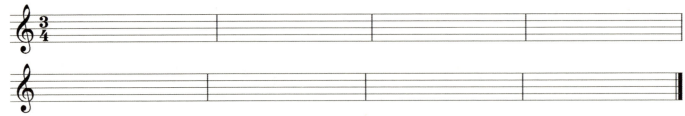

五、开心创作

六、老师的建议

_____

_____

七、我的学习感受

_____

_____

第三十八课

一、学习内容

(1) 音高与指法（表1—表4 指法表中的中音指法）：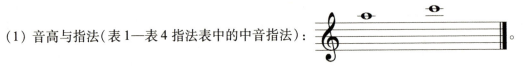

(2) 节拍与节奏：$\frac{2}{4}$拍。

二、吹奏技巧提示

1. 注意左手大拇指的"放半孔"和部分闭合的按孔动作。
2. 注意吹奏左手大拇指"放半孔"的音时气息要稍强一些。
3. 对比中音竖笛指法与高音竖笛指法右手部分的异同。

三、练习建议

(1) 听教师范奏并打拍、读谱。
(2) 按谱例顺序进行吹奏练习。

四、练习曲

谱例 38-1

谱例 38-2

五、开心创作

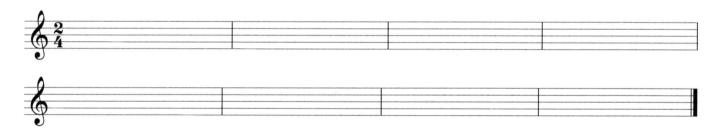

六、老师的建议

_____

七、我的学习感受

_____

第三十九课

一、学习内容

(1) 音高与指法（表1—表4指法表中的中音指法）：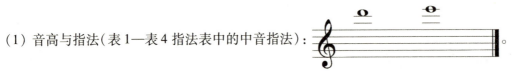

(2) 节拍与节奏：$\frac{4}{4}$拍。

二、吹奏技巧提示

(1) 注意左手大拇指的"放半孔"和部分闭合的按孔动作。

(2) 注意吹奏左手大拇指"放半孔"的音时气息要稍强一些。

(3) 对比中音竖笛指法与高音竖笛指法右手部分的异同。

三、练习建议

(1) 听教师范奏并打拍、读谱。

(2) 按谱例顺序进行吹奏练习。

四、练习曲

谱例 39-1

五、开心创作

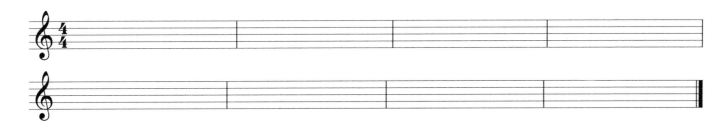

六、老师的建议

_____

七、我的学习感受

_____

第四十课

一、学习内容

(1) 音高与指法（表1—表4 指法表中的中音指法）：

(2) 节拍与节奏：$\frac{4}{4}$拍。

二、吹奏技巧提示

(1) 注意左手大拇指的"放半孔"和部分闭合的按孔动作。

(2) 注意吹奏左手大拇指"放半孔"的音时气息要稍强一些。

三、练习建议

(1) 听教师范奏并打拍、读谱。

(2) 按谱例顺序进行吹奏练习。

四、练习曲

谱例 40-1

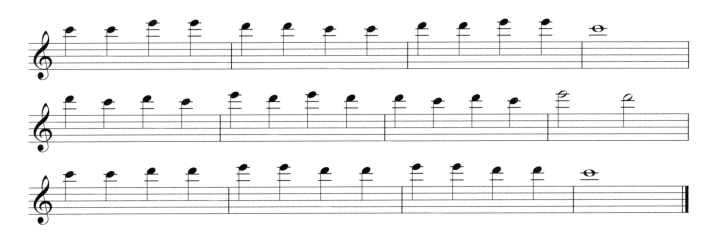

五、开心创作

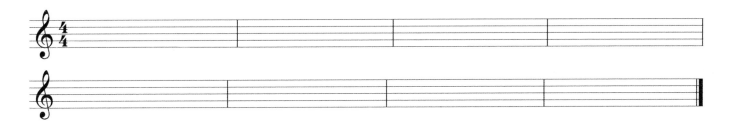

六、老师的建议

七、我的学习感受

第四十一课

一、学习内容

(1) 音高与指法（表1—表4指法表中的中音指法）：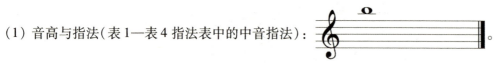

(2) 节拍与节奏：$\frac{2}{4}$拍。

二、吹奏技巧提示

(1) 注意左手大拇指的"放半孔"和部分闭合的按孔动作。
(2) 注意吹奏左手大拇指"放半孔"的音时气息要稍强一些。

三、练习建议

(1) 听教师范奏并打拍、读谱。
(2) 按谱例顺序进行吹奏练习。

四、练习曲

谱例41-1

五、开心创作

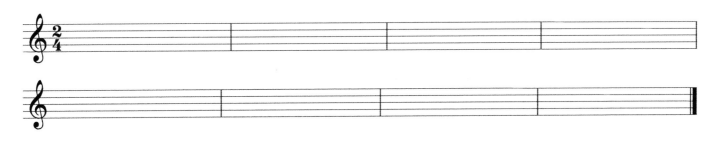

六、老师的建议

_____

_____

七、我的学习感受

_____

_____

第四十二课

一、学习内容

(1) 音高与指法(表1—表4 指法表中的中音指法)：

(2) 节拍与节奏：4/4 拍，♩.♪ 。

二、吹奏技巧提示

(1) 注意左手大拇指的"放半孔"和部分闭合的按孔动作。
(2) 注意吹奏左手大拇指"放半孔"的音时气息要稍强一些。

三、练习建议

(1) 听教师范奏并打拍、读谱。
(2) 按谱例顺序进行吹奏练习。

四、练习曲

谱例 42-1

谱例 42-2

五、开心创作

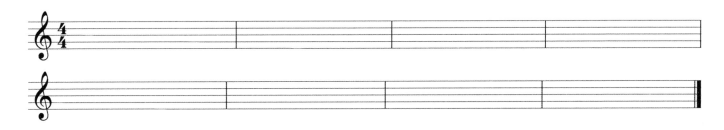

六、老师的建议

_____

_____

七、我的学习感受

_____

_____

第四十三课

一、学习内容

(1) 音高与指法（表1—表4指法表中的中音指法）：

(2) 节拍与节奏：$\frac{2}{4}$、$\frac{4}{4}$拍，

二、吹奏技巧提示

(1) 注意左手大拇指的"放半孔"和部分闭合的按孔动作。
(2) 注意吹奏左手拇指"放半孔"的音时气息要稍强一些。

三、练习建议

(1) 听教师范奏并打拍、读谱。
(2) 按谱例顺序进行吹奏练习。

四、练习曲

谱例 43-1

谱例43-2

五、开心创作

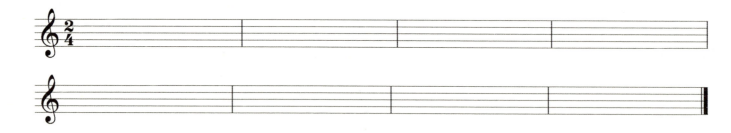

六、老师的建议

_____

_____

七、我的学习感受

_____

_____

第三部分　中音竖笛的学习

第四十四课

一、学习内容

(1) 音高与指法（表1—表4 指法表中的中音指法）：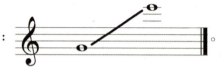

(2) 节拍与节奏：$\frac{2}{4}$拍，

二、吹奏技巧提示

(1) 注意左手大拇指的"放半孔"和部分闭合的按孔动作。
(2) 注意吹奏左手大拇指"放半孔"的音时气息要稍强一些。

三、练习建议

(1) 听教师范奏并打拍、读谱。
(2) 按谱例顺序进行吹奏练习。

四、练习曲

谱例 44-1

谱例 44-2

五、开心创作

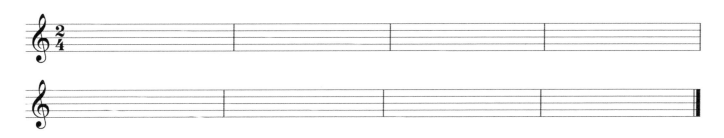

六、老师的建议

七、我的学习感受

第四十五课

一、学习内容

（1）音高与指法（表1—表4 指法表中的中音指法）：

（2）节拍与节奏：$\frac{2}{4}$拍，

二、吹奏技巧提示

（1）注意左手大拇指的"放半孔"和部分闭合的按孔动作。
（2）注意吹奏左手大拇指"放半孔"的音时气息要稍强一些。

三、练习建议

（1）听教师范奏并打拍、读谱。
（2）按谱例顺序进行吹奏练习。

四、练习曲

谱例45-1

谱例 45-2

谱例 45-3

谱例 45-4

五、开心创作

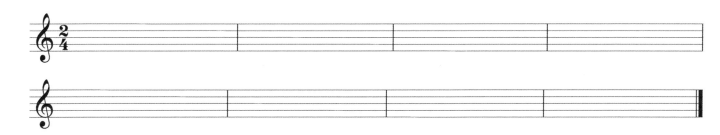

六、老师的建议

_____

_____

七、我的学习感受

_____

_____

第四十六课

一、学习内容

(1) 音高与指法（表1—表4指法表中的中音指法）：

(2) 节拍与节奏：$\frac{2}{4}$、$\frac{4}{4}$拍， 。

二、吹奏技巧提示

(1) 注意左手大拇指的"放半孔"和部分闭合的按孔动作。

(2) 注意吹奏左手大拇指"放半孔"的音时气息要稍强一些。

三、练习建议

(1) 听教师范奏并打拍、读谱。

(2) 按谱例顺序进行吹奏练习。

四、练习曲

谱例46-1

六、老师的建议

_____

_____

七、我的学习感受

_____

_____

第三部分　中音竖笛的学习

第四十七课

一、学习内容

(1) 音高与指法（表1—表4指法表中的中音指法）：

(2) 节拍与节奏：$\frac{4}{4}$拍，

(3) 延音线：同音高连线内的音符的时值要相加，中间不可断开。

(4) 注意变音指法。

二、吹奏技巧提示

(1) 注意左手大拇指的"放半孔"和部分闭合的按孔动作。

(2) 注意吹奏左手大拇指"放半孔"的音时气息要稍强一些。

三、练习建议

(1) 听教师范奏并打拍、读谱。

(2) 按谱例顺序进行吹奏练习。

四、练习曲

谱例 47-1

五、开心创作

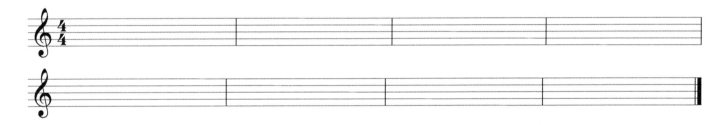

六、老师的建议

_____

七、我的学习感受

_____

第四十八课

一、学习内容

(1) 音高与指法（表1—表4 指法表中的中音指法）：

(2) 节拍与节奏：$\frac{3}{4}$拍。

(3) 注意变音的指法。

二、吹奏技巧提示

(1) 注意左手大拇指的"放半孔"和部分闭合的按孔动作。
(2) 注意吹奏左手大拇指"放半孔"的音时气息要稍强一些。

三、练习建议

(1) 听教师范奏并打拍、读谱。
(2) 按谱例顺序进行吹奏练习。

四、练习曲

谱例 48-1

五、开心创作

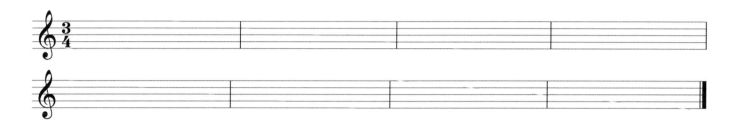

六、老师的建议

_____

_____

七、我的学习感受

_____

_____

第四十九课

一、学习内容

(1) 音高与指法(表1—表4指法表中的中音指法):

(2) 节拍与节奏：$\frac{6}{8}$拍。

(3) 注意变音的指法。

二、吹奏技巧提示

(1) 注意左手大拇指的"放半孔"和部分闭合的按孔动作。
(2) 注意吹奏左手大拇指"放半孔"的音时气息要稍强一些。

三、练习建议

(1) 听教师范奏并打拍、读谱。
(2) 按谱例顺序进行吹奏练习。

四、练习曲

谱例49-1

五、开心创作

六、老师的建议

_____

_____

七、我的学习感受

_____

_____

第五十课

一、学习内容

(1) 音高与指法(表1—表4指法表中的中音指法)：

(2) 节拍与节奏：$\frac{4}{4}$拍。

(3) 注意变音的指法。

二、吹奏技巧提示

(1) 注意左手大拇指的"放半孔"和部分闭合的按孔动作。

(2) 注意吹奏左手大拇指"放半孔"的音时气息要稍强一些。

三、练习建议

(1) 听教师范奏并打拍、读谱。

(2) 按谱例顺序进行吹奏练习。

四、练习曲

谱例50-1

五、开心创作

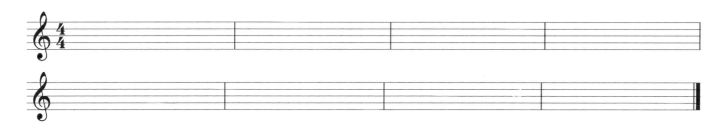

六、老师的建议

_____

七、我的学习感受

_____